001

002

003

004

005

006

001–002. Egyptian galleys, 1600 BC. 003. Egyptian seagoing ship, 1500 BC. 004. Phoenician ship, 1000 BC. 005. Roman merchant ship, AD 250. 006. Greek galley, 500 BC.

007   008   009   010   011   012   013

007. Boarding bridge, 400 BC. **008.** Greek war galley, 500 BC. **009.** Roman cargo ship, AD 100. **010.** Viking warship, AD 700–1100. **011.** Viking long ship, AD 995–1000. **012.** Roman cargo ship, AD 100. **013.** Fleet of Richard I, 1190.

014. Viking dragon ship, AD 1000. **015.** Italian ship, 1450. **016.** Single-masted ships, 15th century. **017.** Merchant ship, early 15th century. **018.** Medieval ship. **019.** English warship, 13th century.

020. *Cordelière*, 1448. **021.** Ship, late 15th century. **022.** Merchant galley, 15th century. **023.** Italian carrack, 1493. **024.** Carrack, 14th–16th centuries.

025. Hulk, early 16th century. **026.** *Henri Grâce à Dieu*, 1514. **027.** Galleass, 16th century. **028.** *Vittoria*, 1519. **029.** *Golden Hind*, 1577.

030. Caravel, 15th–16th centuries. **031.** *Henri Grâce à Dieu*, 1514. **032.** Portuguese galleon, 1535. **033.** *San Martin*, 1582. **034.** English ship, 1540. **035.** Portuguese galleon, 1535.

036. Caravel, 16th century. 037. English galleass, about 1545. 038. Merchant ships, 1555.
039. Elizabethan ship, 1588. 040. Galleon, 16th century. 041. Dutch ship, 1594.

042. *Half Moon*, 1609. **043.** Early 17th century Dutch merchant ship. **044.** English capital ship, early 17th century. **045.** *Mayflower*, 1620. **046.** Galley, 17th century. **047.** *Mayflower*, 1620.

048
049
050
051

048. *Mary*, 1647. **049.** Ketch, 17th century. **050.** Cromster, 17th century. **051.** *Resolution*, 18th century.

052. *Golden Lion*, 1666. 053. Dutch shipping scene, 17th century. 054. Howker, 17th century.
055. Possibly *Hampton Court*, 17th century. 056. Flute, 17th century.

057

058

059

057. Buss, 17th century. **058.** Bugalet, 17th century. **059.** Dutch shipping off Enkhuizen, 17th century.

Callou de Lima.

060

061

062

063

064

065

060. Galley, 17th century. 061. Callao Harbor, Peru, 1619. 062. Warship, 17th century. 063. Brigantine, 1692. 064. *Bon*, 1683. 065. Dutch warship, 1690.

066. East Indiaman, 1750. 067. Dutch galliot, probably 18th century. 068. Spanish xebec, 1761. 069. Greenland whalers, 18th century. 070. *Victory*, 1765.

071

072

073

074

075

076

071. Whaling ships, 18th century. **072.** East Indiaman, 1750. **073.** Lugger, 16th–17th centuries. **074.** Bomb ketch, 1772. **075.** *Thames*, 1780. **076.** Norwegian cat, 18th century.

077

078

077. *True Briton*, East Indiaman, 1790. **078.** USS *Ranger*, 1777.

079. USS *Constitution* (Old Ironsides), 1812. **080.** *Bon Homme Richard*, 1769. **081.** HMS *Bellerophon*, 1786. **082.** British warship, 18th century.

083

084

083. British warship shown at the Battle of Cape St. Vincent, Feburary 14, 1797. **084.** Battle of the Nile, 1798.

085. *Stornoway*, 1850. 086. Garukha, 1838. 087. *Oriental*, 1849. 088. Ketch, 19th century. 089. *Sea Witch*, 1846. 090. Man-of-war brig, 1830. 091. *Ann McKim*, 1833. 092. Four-masted barque, late 19th century. 093. *Stag Hound*, 19th century. 094. Racing cutter, 1850. 095. *Sovereign of the Seas*, American clipper, 1852. 096. Drawing of a Roman trireme, 1861.

097

098

097. *Saint Marguerite*, 19th century. 098. *Commerce de Paris*, 18th century.

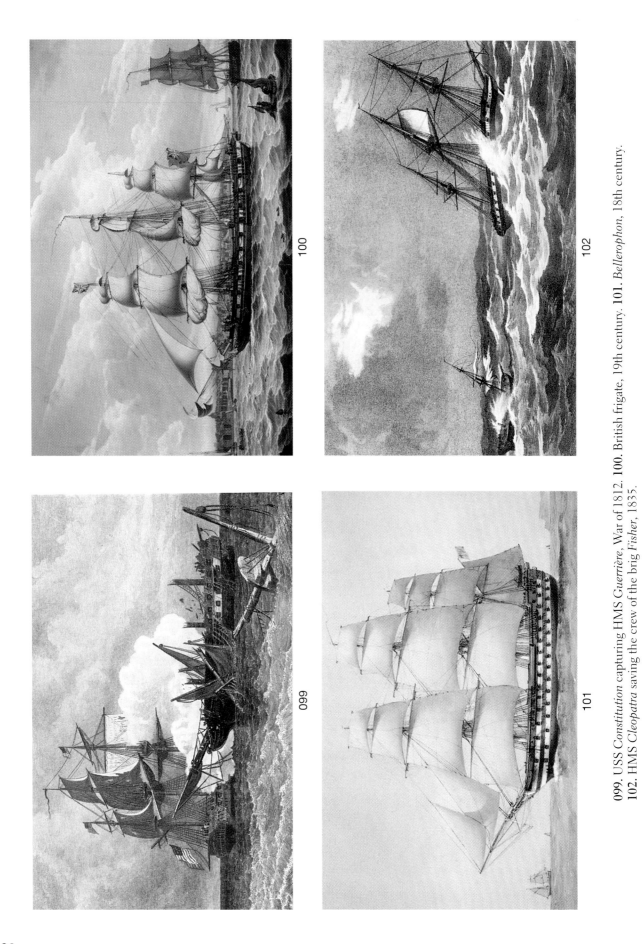

099. USS *Constitution* capturing HMS *Guerrière*, War of 1812. **100.** British frigate, 19th century. **101.** *Bellerophon*, 18th century. 102. HMS *Cleopatra* saving the crew of the brig *Fisher*, 1835.

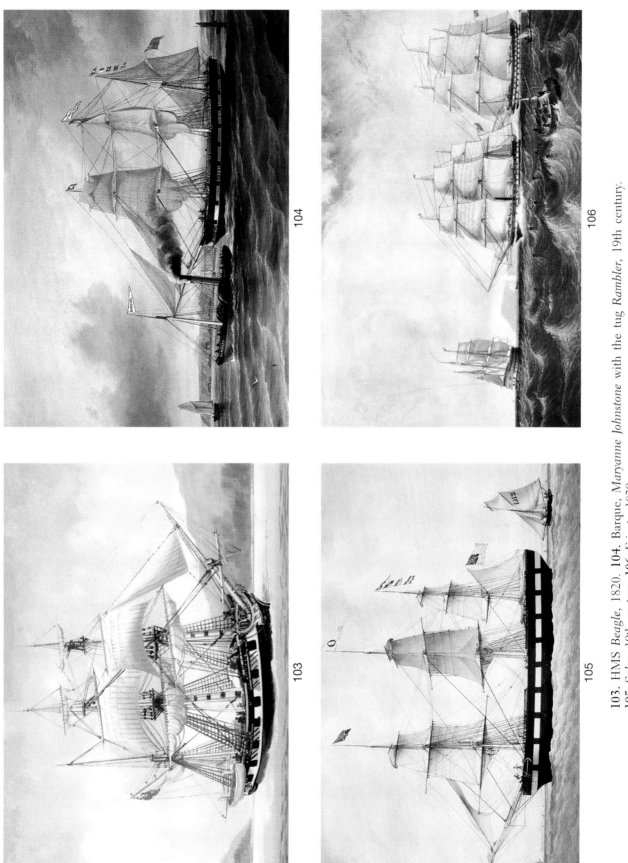

103. HMS *Beagle*, 1820. 104. Barque, *Maryanne Johnstone* with the tug *Rambler*, 19th century.
105. *Solon*, 19th century. 106. Frigate, 1839.

107. Admiral Nelson's flagships. 108. Dutch galliot, 18th century. 109. HMS *Prince*, 19th century.
110. USS *Constitution*, 1812.

111

112

113

111. Baltimore clipper, 1820. **112.** American brig, 1840. **113.** Barque, *Parnasse*, 19th century.

114

115

116

114. *Joseph Cunard*, 19th century. 115. Fitting out a 19th century ship. 116. *Sutlej*, frigate, 1847.

117

118

117. *Flying Cloud*, American clipper, 1851. 118. *Sovereign of the Seas*, American clipper, 1852.

119

120

119. HMS *Arethusa*, 19th century. **120.** *Dreadnought*, American clipper, 1853.

121

122

121. *Cospatrick*, 1856. **122.** *Duncan Dunbar*, frigate, 1857.

123. *Surprise*, 1850. 124. Typical bow, about 1830. 125. *N. B. Palmer*, extreme clipper, 1851. 126. American clipper, 1850. 127. *Chrysolite*, 1851, British extreme clipper. 128. Packet ship, 1818. 129. *Flying Fish* and *Swordfish*, 1851. 130. Barquentine, 19th century. 131. *Challenge*, 1851. 132. Hull and sails. 133. *Twilight*, American clipper, 1857. 134. *Marco Polo*, 1851, drawn from a photograph of a model.

135

136

135. *Mendota*, American barque, 19th century. **136.** *Taeping*, tea clipper, 1863.

137

138

137. *Breille*, 19th century. 138. *Sir Lancelot*, tea clipper, 1865.

139. *Savannah*, 1819. **140.** Stowing the outer jib. **141.** *Charles W. Morgan*, 1841. **142.** *Lightning*, American clipper, 1854.

143

144

143. *Parramatta*, 1866. **144.** *Titania*, tea clipper, 1866.

145

146

145. *Spindrift*, tea clipper, 1867. **146.** *Benvenue*, passenger and emigrant ship, 1867.

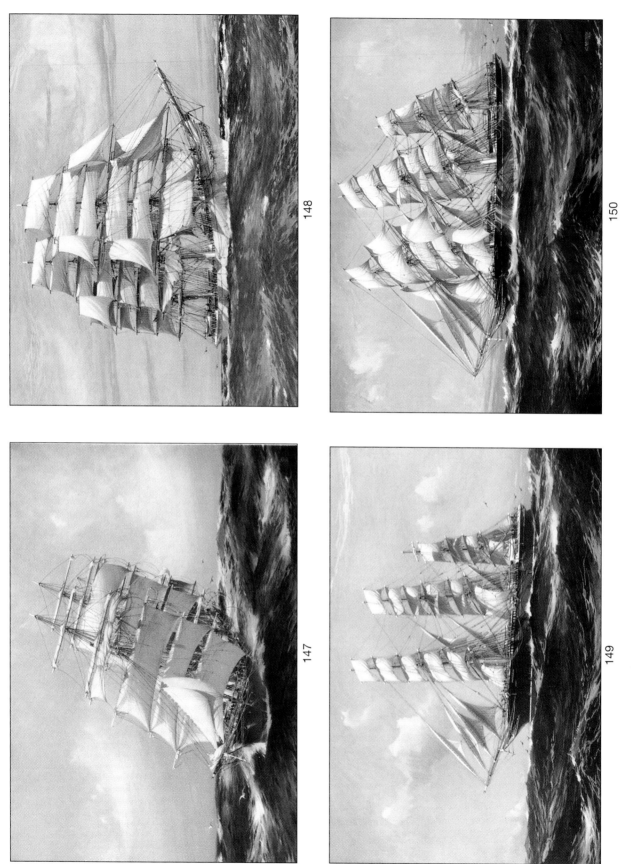

147. *Thermopylae*, British tea clipper, 1868. 148. *Thomas Stephens*, passenger and emigrant ship, 1869.
149. *Patriarch*, passenger and emigrant ship, 1869. 150. *Cutty Sark*, British tea clipper, 1869.

148

150

147

149

151

152

153

154

151. *Norman Court*, tea clipper, 1869. **152.** *Blackadder*, tea clipper, 1870. **153.** *Miltiades*, passenger and emigrant ship,1871. **154.** *Collingwood*, wool clipper, 1872.

35

155. *Westward Ho*, 1852. 156. Repairing a ship's boat, late 19th century. 157. *David Crockett*, 1853.
158. Capital ship, 1820. 159. *Dreadnought*, 1853. 160. Patache, 19th century. 161. *Thermoplyae*, 1868.
162. Stern of *Lagoda*, 1826. 163. *Cutty Sark*, British, tea clipper, 1869.

164

165

164. *Macquarie*, passenger ship, 1875. **165**. *Torrens*, passenger and emigrant ship, 1875.

166. *Leander*, tea clipper, 1867. 167. *Carlisle Castle*, passenger ship, 1868. 168. *Hesperus*, 1873.

169

170   171

169. *Satamis*, wool clipper, 1875. **170.** *Thessalus*, general trader, 1874. **171.** *Mermerus*, wool clipper, 1872.

172

173

172. *Aristides*, passenger and emigrant ship, 1876. 173. *Harbinger*, passenger ship, 1876.

174

175

174. *Piako*, passenger and emigrant ship, 1876. **175.** *Loch Etive*, wool clipper, 1877.

176. *Lawrence*, 1813. 177. *Marlborough*, passenger and emigrant ship, 1846. 178. *Red Jacket*, American clipper, 1853. 179. *Cutty Sark*, British tea clipper, 1869.

180

181

180. *Duntrune*, passenger and emigrant ship, 1875. **181.** *Ceres*, German three-masted barque, 19th century.

182

183

182. *Brilliant*, wool clipper, 1877. **183.** *Cimba*, wool clipper, 1878.

184

185

184. *Port Jackson*, wool clipper, 1882. **185.** *Derwent*, wool clipper, 1884.

186. *Lightning*, American clipper, 1854. **187.** *Dreadnought*, 1853. **188.** USS *Hartford*, 1858.
189. *Ariel*, tea clipper, 1865.

190

191

190. *Cromdale*, wool clipper, 1891. **191.** *Mount Stewart*, wool clipper, 1891.

192. Four-masted barque, 1900. 193. Full-rigged ship under shortened sail, 19th century. 194. *Medway*, sailing training ship, 1902. 195. Five-masted bark (barque), 19th century. 196. Barque, 19th century.